Couvertures supérieure et inférieure manquantes

NOTICE

SUR

L'ANCIENNE CHAPELLE DU SAINT-SÉPULCRE

DE

SAINT-FIRMIN-LE-CONFESSEUR

D'AMIENS

ET SUR

DIVERSES FONDATIONS CURIEUSES DE SIMON LE BOURGUIGNON

AU XV° SIÈCLE,

Par FERD. POUY.

AMIENS,
LEMER AÎNÉ, Imprimeur-Libraire, place Périgord, 3.
—
1863.

(Extrait du tome XX des Mémoires de la Société des Antiquaires de Picardie.)

NOTICE

SUR L'ANCIENNE CHAPELLE

DU

SAINT-SÉPULCRE DE SAINT-FIRMIN-LE-CONFESSEUR D'AMIENS

ET SUR DIVERSES FONDATIONS CURIEUSES DE SIMON LE BOURGUIGNON
AU XV° SIÈCLE.

———

Les historiens et les biographes ont à peine parlé d'un riche bourgeois de la ville d'Amiens, mort au commencement du xv° siècle, qui, par des dispositions testamentaires fort curieuses, a laissé des traces de ses libéralités à presque tous les établissements civils et religieux qui existaient alors dans Amiens.

Une copie de son testament, que j'ai pu me procurer, va me permettre de faire revivre le souvenir de cet homme généreux, animé des meilleurs sentiments religieux et patriotiques.

Simon Le Bourguignon, né à Bresles, dans le Beauvaisis, à une époque que j'ignore, paraît s'être fixé à

Amiens, dès avant l'année 1400 ; il avait épousé Jeanne de Bonnay, demeurée sa veuve ; son père se nommait Roger Le Bourguignon et il fut inhumé à Camp-Remi, en Beauvaisis.

Les Aux Cousteaux étaient de sa famille.

Il avait aussi pour parents, messires : Gobert de Horleville, Le Flamant, Raoul Levoyez, chanoine d'Amiens, Mathieu Levoyez, clerc et chanoine de l'église St.-Vulfran d'Abbeville, MM. Jean Levoyez, de Beauvais, Jean de Fresnoy, de Villers-St.-Sépulchre, Pierre et Jean Le Caron, Laurent Sauvalle, etc.

Sa maison d'habitation, sur la paroisse St.-Firmin-le-Confesseur, portait pour enseigne : *Au Dieu de Amours*.

On sait qu'à cette époque le numérotage n'était pas en usage, et que les habitations des commerçants, comme celles des particuliers, étaient généralement désignées par des enseignes et des emblèmes.

La signification de l'enseigne de la maison Le Bourguignon, pourrait donner lieu à des conjectures auxquelles je ne veux pas m'arrêter ici. Mais ne peut-on pas supposer que l'enseigne *Au Dieu de Amours* était un symbole religieux ? Les emblèmes d'amour divin, se montraient alors en peinture, en gravure, sur les livres, et ailleurs plus fréquemment que les emblèmes de l'amour profane.

Le Bourguignon possédait en outre d'autres maisons : une rue des Orfèvres, qui était habitée au xve siècle par Firmine Pingré, une autre appelée *Maison du Roi*, avec ses dépendances, situées sur le Quai et sur l'Eau des Merderons, provenant de Jean de Conty et de la famille

Mille. Je ne sais si ce sont les mêmes immeubles que ceux désignés par le P. Daire, sous les noms: d'*Hôtel de la Couronne, Hôtel St.-Jacques et Maison de la Penne-Vair*, qu'il dit avoir appartenu à Simon Le Bourguignon.

Simon Le Bourguignon et son épouse avaient l'un et l'autre un blason que je regrette de ne pas connaître, et que ses exécuteurs testamentaires, s'ils ont suivi ses instructions, ont dû faire placer sur sa tombe, dans la chapelle par lui fondée en l'église St.-Firmin-le-Confesseur, comme je le dirai plus loin.

Il y a lieu de croire que Le Bourguignon est mort peu de temps après la rédaction de son testament, daté de 1417.

Ce testament est intéressant à plus d'un titre, d'abord à cause des libéralités qu'il renferme et des renseignements utiles que l'on peut y puiser : ici un nom, une date, un détail de mœurs, un usage, là, une fondation, une indication artistique, archéologique, topographique, etc.

Je ne veux pas passer sous silence l'intitulé de ce testament, afin de donner une idée de la formule généralement suivie à cette époque.

« In nomine Patris et Filii et Spiritus sancti amen.

Je Simon Le Bourguignon citoyen de Amiens en la paroisse Dieu et Monsieur St.-Firmin le Confes, estant en men bon sens et mémoire ; considérant qu'aucune chose n'est plus certaine que mort et n'est moins certaine que le heur d'icelle, fait et ordonne mes testament de men ordination derreine des biens temporels desquels

Dieu me à pretez en cest mortel siecle, en telle maniere que cest mien testament je puisse croistre et amenuer, muer et rappeler toutes les fois qu'il me plaira en tout ou en partie, par annexe ou autrement ; et rappelle et annulle tout autre testament que je ay paravant ; est et voeux et ordonne que c'est mien testament vaille, soit tenu ferme et establies jusqu'a men rapel. — Prime ; je recommande men âme à Dieu, men créateur, à très glorieuse vierge Marie et Mosieus saint Miguéel, à tous angles et archangles, Monseigneur sainct Jean Baptiste, aux benoist St.-Pierre, sainct Paul, sainct Jacques et tous autres apostres, martirs, confesseurs, vierges et généralement à tous les cours de Paradis. »

Ce qu'il faut citer en première ligne dans ce testament, ce sont les détails inédits, complets et authentiques, relatifs à la fondation faite par Le Bourguignon de la *chapelle du St. Sépulcre ou des cinq plaies dans l'Église de S. Firmin le Confesseur d'Amiens*. Encore bien que cet édifice religieux ait été détruit dans un temps où ont malheureusement disparu bien d'autres monuments, l'histoire de l'une de ses parties ne doit pas être recueillie avec moins de soins que s'il s'agissait d'une église existante. Les édifices s'en vont, mais l'histoire reste, c'est la seule compensation que l'on puisse offrir, le seul hommage à rendre aux auteurs de tant de fondations faites à perpétuité, et souvent bien vite anéanties.

Voici comment le fondateur s'exprime.

« Ordonne que men corps, soit enterré et baillé à Saint Sépulchre en une petite place sainte qui est au bout de l'Église (1). Monseigneur S. Firmin le Confés, comme je le ay devisé aux marguilliers d'ycelle et à me chère aimée épouse, plusieurs mes féalles amis à aucun executeur de chez mien testament. De longtemps je ay mie volonté et dévotion de agrandir et encroître fin en ce même propos et y veut demourer jusqu'en fin de me vie, tellement que je veux et ordonne que dessus mes plus loyaux biens, en cette petite place, iceux mes exécuteurs fachent édiffier une belle et honorable capelle, perpétuelle, bien amortie et fondée sur rente de trente-deux livres parisis, telle monnaye est valeur de celle qui a présentement cours en la cité d'Amiens, tous admortiaux, frais et mises à prendre sur iceux mesdits biens comme dit est, laquelle capelle sera sacerdotaux, d'ycelle nomination et présentation appartiendront à y celui ainsné qui sera de me lignée, et la collation et provision anx Canoines d'ycelle église Sainct Fremin, pour laquelle rente le Capellain d'ycelle Capelle sera tenu de célébrer chacun jour messe ou salut des ames de m'y, mes père et mère, antécesseurs et bienfaiteurs et autres, auxquels je puis estre tenu desquels Dieu par sa miséricorde veuille avoir merchi, et sera tenu y celui Capellain faire résédance continuelle en Amiens, et vœut qu'icelle cappelle soit aorné d'aornement, calice, linge, messel, luminaire, et autres choses selon qu'il appartient, et veut que tantost après men trépas, selon la disposition des temps, diligence soit faite de cette ordination, et que le première

---

(1) Le nom de St-Sépulcre, donné à cette place, était par conséquent antérieur à l'érection de la chapelle.

provision soit à men bon amy, Messire Jehan Dubos, prestre, qui tantôt après men trépas commencera à célébrer les messes dessus dittes, et continuera nonobstant que le édifice de laditte Capelle ne soit mye fait et parfait, et après l'édification je veux et ordonne que mes exécuteurs testamentaires fachent y mettre une tombe honorable, bien taillée, lettré du jour de men trépas et armoriée de mes armes et des armes de me dicte épouse et ymagée des ymages de m'y et d'elle, si il luy plait, et pour cela ne veut eslire sa sépulchre. Laditte tombe fera seulement mention de my. J'ordonne qu'à la solennité de men enterrement on fashe obsecques honorables. »

La chapelle fut en effet édifiée, mais nulle part je n'ai pu en trouver la description. Le P. Daire dit que les papes Eugène et Jean XXII, y attachèrent des indulgences, que l'évêque François de Halluin en fit autant, le 4 février 1514, et il constate qu'en 1757 on ne disait plus à cette chapelle que deux messes par mois. Decourt mentionne que cette chapelle était à main gauche en entrant dans l'église.

On sait que les chapelles de cette Église portaient les noms des jours de la semaine, le vendredi excepté, et qu'il se trouvait dans cet édifice une vaste cheminée.

Les prévenus qui parvenaient à se réfugier dans l'Église collégiale de St.-Firmin ne pouvaient y être arrêtés. Les fonctions des six chapelains avaient été réunies le 19 juillet 1720, aux six canonicats et une partie des chapelles furent démolies en 1726.

Quant au tombeau, aucun auteur n'en donne la description complète, il devait être pourtant, selon l'intention du testateur, assez remarquable pour attirer l'attention. Decourt dit seulement que Le Bourguignon et sa femme furent inhumés devant l'autel, dans un tombeau construit en pierre bleue et recouvert d'une lame de cuivre sur laquelle étaient représentés le fondateur et son épouse (1).

En 1728, les propriétaires de l'habitation rue des Orfèvres, qui avait appartenu à Le Bourguignon, payaient encore une rente de sept livres dix sous à M' Digeon, prêtre de St.-Firmin. La portion de rente à la charge de cette maison, qui était originairement plus forte, avait été réduite d'après une transaction du 15 juillet 1654 survenue entre Barthélemy de Rivery, alors chapelain, Pierre Devaux et autres (2).

Il est même à présumer que cette redevance, ainsi que les autres charges annuelles stipulées par le testament ci-dessus rappelé, furent acquittées jusqu'à la révolution.

Le Bourguignon légua aussi à la fabrique de la paroisse St.-Firmin, divers *mantels, houppelandes*, plus 40° parisis; aux pauvres de la même paroisse, 20° parisis.

Parmi les autres legs on remarque ceux qui suivent :

Ses meilleurs mantels, houppelandes, hautbrion et bachinets, à la fabrique de l'Église Notre-Dame,

40 sols parisis à chaque curé de l'Église St.-Firmin, 16 sols à chaque chapelain (3), 8 sols à chaque élève.

(1) Voir *Mémoires chronologiques pour servir à l'histoire ecclésiastique et civile de la ville d'Amiens*, p. III. manuscrits de la Biblioth. communale.

(2) Titre SS. P. du 22 avril 1728.

(3) Il y avait 6 chapelains, ainsi qu'on l'a expliqué plus haut ; le curé

A l'ottellrie de Monsieur S. Jehan, pour les réparations, 40 livres parisis, et 20° pour pitance des pauvres (1).

A la fabrique de l'Église St.-Jacques, 8 livres parisis ;

A la confrérie instituée en cette Églises pour les pèlerins 20 livres parisis, pour être employées en ornements, plus 4 livres *pour offrir un dîner* aux membres de cette confrérie, dont le testateur fesait partie, le jour du trépas de ce dernier, afin disait-il de *rester en la mémoire de ses confrères* (2).

était à la nomination du chapitre depuis 1210, date d'une transaction arbitrale; d'après laquelle l'Évêque Richard fit cette concession au chapitre. Ce droit de nomination avait été longtemps disputé entre ce prélat, les chanoines et l'abbé de St.-Acheul.

Sous l'Évêque Jean Avantage, d'autres difficultés s'élevèrent au sujet des droits des chanoines, ceux du curé et de la fabrique. En 1452 survint une convention qui mit fin aux débats, du moins en partie. Celui qui avait trait à l'emplacement de la stalle du curé, ne fut pas le moins envenimé ; il fut décidé que cette stalle serait la dernière, contre la porte collatérale, du côté de l'épître. Le Pape Pie II dut cimenter cet accord par une bulle du 13 des calendes d'octobre 1461.

(1) L'hôtellerie ou hôpital St.-Jean-Baptiste, alors en mauvais état, touchait à l'église St.-Firmin-le-Confesseur et en 1785 il n'en restait plus que la chapelle qui fut enclavée dans l'église.

(2) Suivant l'usage de ce temps, ces dîners avaient lieu à la suite de l'office du trépas ; on trouve dans plusieurs testaments du XV° siècle et même du XVI° des traces de cette ancienne coutume de léguer quelques sommes pour dîner le jour des obsèques ou celui des obits : Nicolas d'Agencourt, en 1450, laissait 16 sols aux habitants de St.-Ladre *pour dîner ensemble*, le jour que le nouveau curé dirait son obit. — Il léguait une *couronne d'or* à ses voisins et voisines pour dîner ensemble le jour de ses obsèques.

Il léguait de plus, — ce qui n'est pas le moins intéressant à connaître — *Un mulot de vin de Villers-le-Bretonneux, et ung mulot d'icelui des Célestins.*

A chacun des ordres des Augustins, des Jacobins et des Cordeliers, 10 livres parisis.

A la fabrique de St.-Denis, 20 livres parisis ;

A la fabrique de St.-Nicolas des pauvres clercs, 30 livres parisis, et aux pauvres clercs 10 livres de pitance (1).

A l'hôpital St.-Nicaise de Hem-lès-Amiens, 6 livres parisis (2).

Aux hôpitaux de St.-Leu, St.-Nicolas en Coquerel, sire Liénard, chacun 40 sols.

A l'hôpital St.-Jacques, 8 livres (3).

Pour aider aux réparations à faire à St.-Ladre (autre hôpital bien connu), quatre livres.

40 sols pour servir à la réédification de l'hôpital des pauvres prêtres (4).

40 sols pour aider à réédifier la chapelle anciennement fondée en l'honneur de St.-Jacques. Etait-ce celle du cimetière St.-Denis, que le corps de ville avait fait bâtir en 1350 ?

(1) Cet établissement était aussi connu sous le nom de la *grande école*, ou *ancien collége*; il était situé vis-à-vis le prieuré St.-Denis; l'instruction y était donnée gratuitement. Quant à l'église, elle était collégiale et paroissiale, c'était l'une des plus belles de la ville sous le rapport de l'architecture.

(2) En 1476, on fit une quête pour rétablir la chapelle St.-Nicaise qui avait été détruite, et en 1785 elle servait de grange.

(3) A cet hôpital étaient reçus les pèlerins de Compostelle, il devint la paroisse St.-Sulpice en 1598. On trouve des médaillons en cuivre d'assez grand module à l'effigie de St.-Jacques, qui étaient encore en usage au siècle dernier.

(4) Etablissement sur lequel je n'ai pas trouvé de renseignements.

A l'hôpital des Rinchevaux, où étaient reçus les pèlerins de *St.-Jacques en Galice,* quatre livres (1).

Le nombre des établissements charitables qui existaient alors à Amiens, était, comme on le voit, fort considérable, presque tous se sont ressentis des libéralités de Le Bourguignon ; on peut remarquer que la plupart de ces maisons hospitalières avaient besoin de réparations, ce qui est facile à comprendre, car elles ne possédaient que de minces revenus, fruit de la générosité de quelques fondateurs et d'aumônes.

On trouve aussi des legs :

A la chapelle St.-Denis, de 30 livres ;

A la confrérie de St.-Nicolas, établie dans les cloitres, 40 livres.

A celle de St.-Antoine, 40 sols.

Les pauvres honteux de la ville d'Amiens, ont eu 100 livres.

Il laissa 1000 livres pour réparer la *forteresse,* ou les fortifications, auxquelles on donnait alors ce nom.

Plein de compassion pour les prisonniers, il légua : 6

---

(1) On recevait encore des pèlerins à d'autres hopitaux, notamment à St.-Julien où étaient admis plus principalement ceux qui ne faisaient que passer, et à l'hôpital St.-Jean de Jérusalem, établi en faveur des pèlerinages à la terre sainte. Il fallait bien, au surplus, des locaux nombreux pour loger dans Amiens la foule de pèlerins qu'attiraient les reliques de St. Jean-Baptiste, de St.-Firmin, etc.

Le nombre des établissements où étaient reçus gratuitement les pèlerins dans Amiens, témoigne en même temps de la foi vive et ardente qui y régnait et du bon esprit des habitants, qui parvenaient ainsi à attirer la foule dans la cité, ce qui est profitable à l'intérêt public.

livres à ceux du beffroy ; autant aux prisonniers de *Monsieur l'Évêque* et 40 sols à ceux du chapitre.

On voit par là que la ville ne manquait pas dans ce temps là de lieux de détentions et de corrections, si l'on y ajoute les prisons royale, seigneuriales et quelques autres encore. Chaque *justice* devait avoir sa maison de détention.

Pour rien au monde on n'aurait consenti à l'existence d'une seule prison ; mille sujets de querelles sont venus de la diversité et de la rivalité des institutions de ce genre au moyen-âge (1).

Il lègue son argenterie, ses bijoux, ses *gomay* (2) *émaillés*, à des amis, à ses exécuteurs testamentaires, à Robert de Flixecourt, curé de St.-Firmin.

L'église et les pauvres de son pays natal figurent pour diverses sommes et objets.

Il n'oublie pas Martine, « pour et à cause que jadis fut sa méquinne, » et il n'est point jusqu'à un de ses futurs petits neveux qui ne puisse venir au monde avec l'agréable avantage d'être son légataire. En effet le premier enfant de Laurent Sauvalle, son neveu, avait droit à 80 livres parisis !

(1) Au sujet du régime des prisons, voir un curieux règlement pour la conciergerie du 13 mars 1648.

(2) Ce mot est aussi écrit *gamaye*. Le testateur en fait l'objet de plusieurs legs. Ces espèces de vases, tasses ou gobelets étaient de différentes sortes : en argent avec *bordure d. par émail*, ou bien avec un cercle d'or sur le fond et sur le bord ; les uns valaient 8 livres parisis, les autres sont estimés 24 livres chacun, tant pour la matière que pour la façon. Il avait soin de recommander que ces vases soient *wardés* (gardés) *en sa mémoire*.

Le Bourguignon, après avoir ainsi disposé de sommes considérables, laissa à sa veuve et à ses neveux et nièces une assez belle part de sa riche fortune.

Afin de ne rien oublier pour le salut de son âme, ce pieux testateur imposa à ses exécuteurs testamentaires l'obligation de faire faire deux pélerinages célèbres ; l'un à *St.-Thibaut, en Anjou,* et l'autre à *St.-Pierre de Luxembourg, en Avignon,* avec offrande à chacun de trois cierges d'une livre (1).

On remarque aussi dans ce testament cette disposition singulière.

« Je vœux et ordonne qu'après mon trépas les exécuteurs de ces mien testament aient fait provision de draps ou demy draps et ung emprès le demy drap de environ six flourins de or franc, et que aux frais de mes biens on fachent faire pour chacun le.... (en blanc) a la bare St.-Michel et en la rue St.-Denis, demandant et attendant ce jour les admones des allants et venants ou passants par là, une houche de largeur convenable et longueur environ de le gambe, sous le genoux, capeton et cauches,

---

(1) Il était admis que les pélerinages pouvaient se faire par procuration, on en trouve de nombreux exemples attestés par des certificats. Je pourrais en citer notamment pour des pélerinages que l'on fesait faire encore en 1791, à Notre-Dame de Liesse.

Bien souvent des pauvres se chargeaient de ces dévotes missions, et c'était sans doute à leur usage que l'on ouvrait gratuitement des hôpitaux, comme ceux qui existaient à Amiens, et dont il vient d'être parlé.

Au moyen-âge, il était de croyance générale que si, vivant, on n'accomplissait pas d'une manière ou d'une autre le pieux devoir des pélerinages, l'âme était contrainte de le faire après la mort.

ou à chacun d'eux en baillant à lui le drap à ce afferant et les argent pour le fachon, promette par se foy de faire faire et porter ces houches, caperons et cauches, et user, et aussi que chacun d'y ceux, ait une paire de solliers pour s'en usage, ou le argent de valleur d'ycelle paire. »

Ce passage, évidemment tronqué par le copiste, pourrait peut-être s'appliquer à une distribution de vêtements en faveur de quelques pauvres ou frères questeurs, destinés par un costume spécial à conserver le souvenir du testateur, ce qui semble d'ailleurs être chez ce dernier une idée dominante dans la plupart de ses dispositions.

L'ordonnateur de ces libéralités, le fondateur de cette remarquable chapelle, alors même qu'on lui reprocherait un peu de vanité et de bizarrerie testamentaire, à droit assurément de figurer dans les annales du pays dont il fut le bienfaiteur.

Liste des anciens Curés de St.-Firmin.

Voici, d'après Decourt, et d'autres documents, une liste des anciens curés de St.-Firmin-le-Confesseur qui n'a pas encore été publiée. Cette liste ne paraîtra peut-être pas déplacée à la suite de la Notice qui précède :

Sire Godefroy, en l'année, 1190. — Roger, 1203. — Hugues Haurelun, 1230 (a donné pour son obit une maison dans le Don.) — Robert de Fontaines et Germain, 1250. — Nicolas de Cuise, de Cuisia, 1271-77. — Thomas de Saleux, 1271. — Godefroy, 1286. — Bertran de Fleuri, 1292. — Pierre, 1338. — Grégoire et Houchard, 1330. — Pierre de La Chapelle, 1342. — Jean Polart, 1343.

— Hirart, 1360. — Robert de Flessecourt, 1391 (1). — Jean Muard ou Nuart, 1413. — Guillaume Genest, 1423. — Jacques Yvouet et Jules Machart, 1442 et 1460. — Pierre Foulon, 1473.— David Bauduin, obit 1513, 1475. — Pierre Leborgne, 1481. — Le Tavernier, 1490. — Guillaume Le Rendu, chanoine, 1496. — Jean Godard, obit 1510, 1505. — Firmin Faverin, 1518. — Tarisel, 1520. — Thomas Pascal et Et. Gérault, 1521. — Nicole de Villers, 1531. — Innocent Piquet, chanoine, 1536. — Féréole Chapuis et Pierre Gaillard, obit de ce dernier, 1554, 1543. — Pierre Dami, 1552. — Robert Fournier, docteur, 1555. — Toussaint Briseul, 1558 et 1576. — Pierre Waille, chanoine, 1564 et 1566. — Guillaume Jordre, 1569 et 1583. — Jean Croquoison, 1580. — Robert Viseur, 1591. — Claude de Gault, chanoine, 1618. — N. Le Caron, 162 . — Jean Lesseaux, conseiller clerc, 1635. — Robert Balesdens, seul curé (mort le 31 mars), 1648. — Henri Rogeau (mort le 4 août 1686), 1648. — Pierre Matissart, 1648. — Jean Dumesnil, 1653 (2). — Adrien Descamps, 4 décembre (mort le 10 février 1693), 1664. — Louis Boistel (2 août 1686) (a quitté en août 1694. pour être chanoine théologal), 1686. — Pierre Turquet, neveu de Descamps. (Il n'est plus resté qu'un seul curé, à partir de février 1693), 1693. — Joseph Lalau, docteur-chanoine, official, 1710 (3). — Brandicourt (dernier curé avant la fermeture de l'église, démolie en 1795), 1769 à 1791.

(1) Cette date est peut-être erronée, car nous avons vu que Robert de Flissecourt ou Flixecourt, ou bien encore Flessicourt, est nommé, en 1417, par Le Bourguignon, comme étant *son curé*, c'est-à-dire celui de sa paroisse.

(2) Voy. son éloge par M. Brandicourt, son successeur, à Amiens, 1781.

(3) Ou Duminil, mort le 4 août 1686, inhumé à St.-Denis, avait fondé à perpétuité une bourse pour un étudiant originaire de Molliens, qui, chaque jour, était tenu de dire à genoux, ayant la tête découverte, le *De Profundis* et l'oraison *Deus qui inter apostolicos sacerdotes.*

Amiens. — Imp. LEMER aîné, place Périgord, 3.

www.ingramcontent.com/pod-product-compliance
Lightning Source LLC
Chambersburg PA
CBHW061613040426
42450CB00010B/2460